Bisher erschienen:

Band 1: Der verzauberte Spiegel
Band 2: Der magische Feuerberg
Band 3: Die vier Wildpferde
Band 4: Sturmwolkes Geheimnis
Band 5: Die verwunschene Eisprinzessin
Band 6: Das geheime Zauberschloss
Band 7: Das Einhornfohlen

Sandra Grimm

Das Einhornfohlen

Illustriert von Carolin Ina Schröter

ISBN 978-3-7432-0023-4
1. Auflage 2018
Überarbeitete Neuausgabe des Titels
Silberwind – Das Einhornfohlen
© 2011, 2018 Loewe Verlag GmbH, Bindlach
Umschlag- und Innenillustrationen: Carolin Ina Schröter
Umschlaggestaltung: Elke Kohlmann
Printed in Poland

www.loewe-verlag.de

Inhalt

Die Pferdegrippe 8

Silberwind wird eingesperrt 18

Gefahr im magischen Wald 26

Die Zeit wird knapp 35

Jörgo hat einen guten Plan 46

Kann niemand Yasemin helfen?......... 56

Ein Wunder geschieht 66

Fantastische Neuigkeiten............... 75

Die Pferdegrippe

Als Jana an diesem Tag in die Küche kam, spürte sie sofort, dass die Stimmung seltsam gedrückt war.

„Guten Morgen!", rief sie fröhlich.

Aber niemand antwortete.

Jana kroch auf die Küchenbank und goss sich warmen Kakao in ihre Lieblingstasse. „Was habt ihr denn alle?"

Ihre Oma seufzte. „Ach, Kindchen, es geht

eine neue Pferdekrankheit um. Eine Art Grippe."

Jana zuckte mit den Schultern. „Na und? Was kann an einer Grippe schon so schlimm sein? Haben wir doch auch ständig."

„Du hast höchstens mal eine Erkältung", lächelte ihr Papa. „Dich kann ja nichts umhauen. Grippe ist da schon schlimmer und kann manchmal auch gefährlich werden. Aber diese besondere Grippe können nur Pferde bekommen. Und fast jedes zweite Pferd stirbt daran."

Nun riss Jana die Augen auf. „Fast jedes zweite Pferd? Und was können wir dagegen machen?"

Frerk Friese, Omas Mann, legte ihr die Hand auf den Arm. „Keine Sorge. Heute kommt der Tierarzt und untersucht alle Pferde. Und wenn sie gesund sind, was ich vermute, können wir erst einmal aufatmen. Dann müssen wir nur aufpassen, dass sie keinen Kontakt zu anderen Pferden haben. Außerdem sollten wir eine Zeit lang keine Reitstunden geben. Nicht, dass jemand die Grippe einschleppt …"

Die anderen Erwachsenen nickten.

„Aber was …", erklang plötzlich eine Stimme von der Tür her.

Jana bemerkte erst jetzt, dass ihr Freund Jörgo dort die ganze Zeit gestanden hatte.

„… was, wenn schon ein Pferd die Grippe hat?", fuhr er ängstlich fort.

„Dann muss es in Quarantäne", erklärte Oma Friese. „Also allein in einen Stall. Und wir müssen hoffen, dass es wieder gesund wird."

„Ach ja, das wird schon", murmelte Jana und biss in ihr Marmeladenbrot. Ihr geliebtes Pferd Silberwind war schließlich ein Einhorn. Dem konnte doch so eine läppische Grippe nichts anhaben!

Als Jana nach dem Frühstück zu Silberwind lief, erzählte sie ihm gleich von der Grippe.

„Dir macht so etwas doch nichts aus, oder?", fragte Jana und fuhr sanft mit den Fingern durch seine weiche Mähne.

Silberwind schüttelte den Kopf. „Nein, Einhörnern kann nichts passieren, aber ..." Er sprach nicht weiter und starrte an Jana vorbei. Sein Körper war steif und seine Muskeln zuckten angespannt.

„Was hast du denn?", fragte Jana verblüfft. „Bist du vielleicht doch krank?"

Silberwind wieherte nur kurz. Dann drehte er sich plötzlich um und galoppierte über die Wiese. Mit Leichtigkeit überwand er die Hecken zum Waldstück hinter der Koppel.

Jana starrte ihm hinterher. Ihr war klar, dass er nun in den magischen Wald lief. Aber warum nur?

„He, Jana!", rief Jörgo.

Jana drehte sich um.

„War das gerade Silberwind? Wo ist er hin?"

Jana runzelte die Stirn. „Ich habe keine Ahnung. Er hat sich sehr merkwürdig verhalten. Er hat zwar gesagt, dass ihm die Grippe nichts anhaben kann. Aber er wirkte trotzdem so, als sei er krank. Meinst du, er ist krank?"

Jörgo schüttelte den Kopf und grinste. „Silberwind? Niemals!" Dann wurde sein Gesicht wieder ernst. „Die anderen Pferde aber vielleicht. Der Tierarzt ist gerade bei Lollo. Ich habe Angst um sie. Papa hat mich rausgeschickt. Er meinte, ich mache die Pferde sonst noch alle nervös."

In diesem Moment schritt der Tierarzt

auch schon über den Hof. Neben ihm gingen Jörgos Vater, Janas Mutter und ihre Oma.

„Was ist mit Lollo?", rief Jörgo ihnen entgegen.

„Alles in Ordnung, sie ist gesund", antwortete sein Vater lächelnd. „Aber wo ist Silberwind?"

„Im Wald", antwortete Jana wahrheitsgemäß.

„Hol ihn bitte schnell zurück! Das Waldstück ist ja nicht so groß", bat ihre Mutter. Sie wusste nicht, dass Silberwind ein Einhorn war. Deshalb kannte sie natürlich auch nicht das Geheimnis des magischen Waldes – ein riesiger, verzauberter Wald, der in dem kleinen Waldstück versteckt lag.

„Ach, ich glaube, das dauert zu lange", meinte Janas Oma. Sie wusste als Einzige neben Janas Freunden von Silberwinds

Geheimnis. Und sie wusste, dass der Wald unendlich groß war. „Sie haben bestimmt noch mehr zu tun, Herr Doktor. Wir rufen Sie einfach an, wenn der Hengst wieder da ist", sagte sie.

Der Tierarzt stimmte ihr zu.

Jana atmete erleichtert auf, aber sie war immer noch um Silberwind besorgt. Ob es ihm wohl gut ging? Wie blöd, dass sie ihm nicht nachlaufen konnte, sondern in die Schule musste!

Silberwind wird eingesperrt

Als Jana aus der Schule zurückkam, war der Tierarzt schon ein zweites Mal da gewesen.

„Was ist los?", fragte Jana ihre Oma. „Wo ist Silberwind? Auf der Koppel steht er nicht!"

Ihre Oma drückte sie auf einen Küchenstuhl. „Setz dich, es gibt Erbsensuppe." Sie schöpfte Jana einen großen Teller voll.

Jana begann zu essen.

„Also, wo ist er?", fragte sie.

Oma Friese räusperte sich. „Der Tierarzt hat ihn untersucht. Und zwar im kleinen Stall hinten. Damit er nicht wegläuft."

„Weglaufen, tss!", machte Jana. Als hätte ihr Einhorn Angst vorm Tierarzt!

„Na ja", zögerte Oma Friese. „Der Tierarzt hat festgestellt, dass Silberwind Überträger der Krankheit ist."

„Was?", fragte Jana entsetzt. Sie verstand gar nichts mehr. „Er ist krank?"

„Nein, nein!" Ihre Oma schüttelte den Kopf. „Er selbst nicht. Aber er hat die Viren dafür in sich und kann andere Pferde anstecken. Auch dann, wenn es ihm selbst gut geht. Deshalb muss er …"

„… in Quarantäne", beendete Jana den Satz. „Oh nein, das wird ihm nicht gefallen!"

Oma Friese nickte. „Jörgos Vater hat ihn sofort im kleinen Stall eingesperrt. Mit Schloss und Schlüssel, damit er nicht davonrennt."

„Eingesperrt?", rief Jana entsetzt. Ihr armes Einhorn! Sie sprang auf, obwohl sie noch nicht einmal die Hälfte der Suppe gegessen hatte, und lief zur Haustür.

„Kind, er muss drinbleiben, hörst du?", mahnte ihre Oma.

Aber Jana hörte schon nicht mehr zu. Im Nu war sie beim Stall und öffnete das kleine Holzfenster, das in die Stalltür eingesägt war. „Silberwind", flüsterte sie. „Silberwind, wo bist du?"

Beunruhigt steckte das Einhorn den Kopf zum Fenster hinaus und schnaubte. „Lass mich raus", wisperte es. „Hol mich raus!"

„Geht nicht", jammerte Jana. „Du steckst die anderen Pferde an. Das ist gefährlich, hörst du? Daran kann man sterben. Sei doch vernünftig, bitte, Silberwind!" Niedergeschlagen streichelte sie Silberwinds Hals.

„Ich muss in den magischen Wald", flehte Silberwind und sah Jana mit bittenden Augen an. „Ich muss!"

„Aber warum denn?" Jana liefen inzwischen Tränen über die Wangen. Was sollte sie nur tun? Silberwind schien furchtbar unglücklich zu sein. Konnte sie ihrem geliebten Pferd diese einfache Bitte abschlagen?

„Ich muss hier raus, Jana, ich muss!", flüsterte Silberwind immer wieder.

Jana streichelte ihn noch eine Weile, dann winkte sie Silberwind zu und rannte ins Haus zurück. Verzweifelt warf sie sich in ihrem Zimmer aufs Bett und weinte. Silberwind war immer für sie da gewesen. Musste sie jetzt nicht ihm helfen? Er hatte sie noch nie um etwas gebeten!

Es klopfte leise an der Tür.

Jana schniefte. „Ja?"

Ihre Mama kam herein. „Mein Schatz, ist alles in Ordnung?"

„Nichts ist in Ordnung!", weinte Jana. „Silberwind hält das nicht aus in dem kleinen Stall. Er muss raus! Kann er nicht raus, Mama?"

Ihre Mama nahm sie in den Arm und streichelte ihr über den Kopf. „Nein, mein Schatz, wirklich nicht. Du weißt doch, jedes zweite Pferd stirbt an der Grippe! Besonders gefährlich ist die Krankheit für trächtige Stuten und die Fohlen in ihrem Bauch. Oder für junge Fohlen. Und wir haben auf dem Hof immerhin zwei trächtige Stuten und vier Fohlen. Du willst doch auch nicht, dass ihnen etwas passiert, oder?"

Jetzt musste Jana noch mehr weinen. Sie schluchzte, bis der Pullover ihrer Mama ganz nass war. Gar nichts konnte sie tun, gar nichts. Sie wollte die Stuten und Fohlen auf keinen Fall in Gefahr bringen. Aber Silberwind konnte sie dann nicht helfen! Es war zum Verzweifeln!

Den ganzen Nachmittag hockte Jana in ihrem Zimmer. Sie begann sogar, die Hausaufgaben für die nächste Woche zu erledigen. Nach draußen zu Silberwind wollte sie nicht mehr gehen. Sie hätte es einfach nicht ertragen, noch einmal in seine traurigen Augen zu blicken. Hoffnungslos weinend schlief sie abends ein.

Gefahr im magischen Wald

„Jana, komm sofort runter!"

So wurde sie am nächsten Morgen geweckt.

„Sofort!"

Müde stolperte Jana zur Tür und wankte die Treppe hinunter. „Was ist denn?", fragte sie verschlafen. Doch plötzlich wurde sie hellwach. „Geht es Silberwind nicht gut?"

„Keine Ahnung", sagte ihre Mutter. „Vielleicht weißt du das besser als ich? Sag mir ehrlich: Hast du ihn aus dem Stall geholt?"

„Was?", rief Jana und starrte sie verblüfft an. „Was meinst du damit?"

Ihre Mama seufzte. „Du wirkst nicht so, als hättest du was damit zu tun. Dann ist er wohl doch von allein ausgebrochen. Ich frage mich allerdings, wie er das Schloss aufbekommen hat!"

Jana versuchte, ein Lächeln zu unterdrücken. „Vielleicht war das Schloss schon kaputt", murmelte sie.

„Jedenfalls geht das so nicht", sagte ihre Mutter. „Ich möchte, dass du ihn suchst, Jana. Es ist so eine gefährliche Krankheit. Silberwind muss wieder in Quarantäne!"

Jana nickte. „Und die Schule?", fragte sie vorsichtig.

Ihre Mama winkte ab. „Das hier geht vor. Ich rufe bei Frau Tale an und entschuldige dich für heute. Sie hat doch selbst ein Pferd und wird sicher Verständnis haben. Wir müssen erst Silberwind finden. Du reitest mit Jörgo." Doch dann griff sie sich an den Kopf. „Nein, das geht ja nicht! Wenn ihr Silberwind trefft, könnten sich die anderen Pferde anstecken. Also, dann müsst ihr mit dem Rad fahren. Oder zu Fuß gehen. Ich suche die Gegend mit dem Auto ab." Sie seufzte.

Mit einem Mal tat sie Jana leid. „Ich finde ihn, Mama, ganz bestimmt", versprach sie und umarmte ihre Mutter fest.

Nachdem sie sich angezogen hatte, lief Jana zu Jörgo. Der wusste natürlich schon alles von seinem Vater.

„Ich habe im Stall nachgesehen", erzählte er. „Silberwind musste sich nicht sehr anstrengen, um das Schloss zu öffnen. Es war alt und klein. Was meinst du, wohin er gelaufen ist?"

Jana biss in das trockene Brötchen, das sie sich vom Frühstückstisch mitgenommen hatte.

„Sicher in den magischen Wald. Dahin ist er gestern auch so hastig verschwunden. Wir müssen ihm nach!"

Sie zog Jörgo am Ärmel und zusammen liefen sie zur Grenze des magischen Waldes. Plötzlich blieb Jana stehen. „Mist, ohne Silberwind können wir die Grenze zum magischen Wald doch gar nicht überwinden."

Aber Jörgo lächelte. „Du hast Saphir vergessen", sagte er. Dann legte er die Hände um den Mund und rief leise: „Saphir!"

Es dauerte nur einen kurzen Augenblick, dann stand das blau schimmernde Einhorn vor ihnen. Nachdem Jana und Jörgo es einmal gerettet hatten, war es ihnen treu ergeben und kam sofort, wenn Jörgo es rief.

„Wie schön, dass ihr mich besucht", wieherte Saphir. Er ließ sich ausgiebig von Jörgo streicheln und stupste auch Jana auffordernd an.

Aber die war mit ihren Gedanken woanders. „Du musst uns zu Silberwind bringen!", bat sie.

Saphir schüttelte belustigt den Kopf. „Geht nicht", sagte er lachend. „Geheimnisse und Überraschungen."

„Was für Geheimnisse denn?", fragte Jörgo verdutzt.

„Na, solche, die man nicht verraten darf", schmunzelte Saphir.

„Aber es geht um Leben und Tod", stöhnte Jana auf. Sie erzählte dem Einhorn von der gefährlichen Krankheit. „Ihr habt doch

auch Pferde im magischen Wald, die keine Einhörner sind, oder? Die bringt Silberwind alle in Gefahr!"

Saphir war plötzlich wie elektrisiert. Während Janas Erzählung war er sehr ernst geworden und nun zuckten seine Hufe, bereit zum Galopp. „Schnell, steigt auf", schnaubte er. „Wir haben es eilig. Hoffentlich kommen wir nicht zu spät."

„Zu spät?" Jana verstand nicht genau, was Saphir meinte. Aber ihr blieb keine Zeit, weiter darüber nachzudenken. Kaum waren sie und Jörgo aufgesessen, jagte das Einhorn schon los. Es galoppierte so geschwind durch den dichten Wald, dass Jana und Jörgo der Wind ins Gesicht schnitt. Sie duckten sich vor den Zweigen, die sie streiften, und klammerten sich mit aller Kraft an Saphir. Der Ritt auf einem Einhorn, den Jana sonst so sehr genoss, fühlte sich diesmal gar nicht an wie Fliegen. Sondern nur wie Flucht und Angst.

Die Zeit wird knapp

„Wir sind da!" Nach einer halben Ewigkeit stoppte Saphir seinen wilden Lauf.

Jana und Jörgo stiegen langsam von seinem Rücken. Jana schüttelte sich, so sehr fror sie.

Sie standen vor einem kleinen Hügel, der versteckt zwischen den Bäumen lag.

Dort wurden sie schon von Silberwind erwartet. Er sah Saphir wütend an und blickte dann zu Jana und Jörgo. „Ihr müsst zurück. Geht! Ich will euch nicht auch noch in Gefahr bringen!"

Er machte einen Schritt auf sie zu, als wolle er sie verscheuchen.

Aber Jana hatte keine Angst. „Du kannst uns nichts tun, Silberwind", beruhigte sie ihn. „Die Krankheit ist für Menschen ungefährlich. Das habe ich dir doch gesagt."

„Ach ja!" Silberwind seufzte auf. „Ich erinnere mich."

Er sackte in sich zusammen. Wie ein Häufchen Elend stand er nun vor ihnen.

Jana schlang die Arme um seinen Hals, um ihn zu trösten. „Was ist nur los, Silberwind?", fragte sie.

„All meine Einhornzauberkraft ist machtlos", wisperte Silberwind. „Mir kann nichts geschehen, aber ich kann nicht heilen. So etwas habe ich noch nie erlebt!"

„Aber wen willst du denn heilen?", wollte Jana verwundert wissen. „Auf dem Hof sind alle Pferde gesund!" Die Verzweiflung in Silberwinds Stimme machte sie traurig.

„Und wenn eines krank wird, kann doch der Tierarzt helfen. Du musst dich nicht hier im

 Wald verkriechen. Komm zurück mit mir. Ein paar Tage im Stall, dann ist sicher alles vorüber. Hast du Angst davor, eingesperrt zu sein? Oder vorm Tierarzt?"

„Angst vorm Tierarzt?" Silberwind wieherte. Es klang beinahe wie ein Lachen. „Nein, wenn ein Einhorn Angst hat, dann nur um seine Liebsten."

„Um uns?" Jetzt war Jana ganz durcheinander. Sie konnte doch nicht krank werden!

„Nein." Silberwind sah Jana an und seine Augen begannen zu leuchten. „Um Yasemin."

„Um wen?"

„Kommt mit." Silberwind drehte sich zur

Seite und schob sich zwischen zwei Büschen hindurch in den Hügel.

„Da ist eine Höhle!", staunte Jörgo. Gemeinsam mit Jana drängte er sich zwischen den Zweigen durch.

In der Höhle war es sehr dunkel. Silberwind nickte mit seinem Horn vier Mal in Richtung der Felswände. Sofort leuchteten dort vier flackernde Feuer auf und warfen einen warmen Lichtschein in den Raum. Bald hatten Janas und Jörgos Augen sich an das schwache Licht gewöhnt.

„Das ist Yasemin", sagte Silberwind. Er ließ sich kurz auf die Knie nieder. Neben ihm lag in einem Bett aus Stroh eine weiße Stute. „Sie ist meine Frau", fügte er zärtlich hinzu und reckte stolz seinen Kopf.

Jana hockte sich neben ihn. „Du hast eine Frau!", hauchte sie andächtig. Kein Wunder, dass Silberwind so oft weg war in letzter Zeit! Vorsichtig strich Jana der Stute über die Stirn.

„Hallo, Yasemin", sagte sie leise. „Ich bin Jana."

Yasemin sah sie nur matt an.

„Sie ist sehr krank", stellte Jörgo fest. „Sie atmet viel zu schnell und schwitzt ganz schrecklich!"

„Ich weiß!" Silberwind klang verzweifelt. „Wahrscheinlich habe ich sie mit der Grippe angesteckt. Aber ich wusste doch gestern Morgen noch nicht, dass ich die Krankheit übertragen kann! Und jetzt …" Er stockte.

„Arme Yasemin", flüsterte Jana, während sie das hübsche Pferd streichelte. „Du siehst gar nicht gut aus. Und dieser riesige aufgeblähte Bauch – das ist bestimmt eine Kolik. Das ist sehr gefährlich für ein Pferd!"

Da begann Silberwind laut zu wiehern – und sah mit einem Mal richtig fröhlich aus.

„Das ist doch nicht witzig!", schimpfte Jana aufgebracht.

„Doch", wieherte Silberwind. „Eigentlich schon. Es ist nämlich keine Kolik. Es ist ein Fohlen."

„Waas?", rief Jana.

Jörgo und Saphir kicherten.

„Das ist ja toll", jubelte Jana. „Ein Fohlen

von meinem Einhorn! Ein richtiges kleines Fohlen, wie schön! Das wird so fantastisch, wenn wir zusammen …" Plötzlich hielt sie inne. Ihr war etwas Furchtbares eingefallen. „Jörgo, wir müssen sofort etwas tun", sagte sie aufgeregt. „Die Krankheit ist doch besonders gefährlich für trächtige Stuten und Fohlen!" Sie sah ihren Freund hilflos an. „Wir müssen den Tierarzt holen. Schnell!"

„Geht nicht", meinte Jörgo. „Wenn er hierherkommt, wird er alles über Silberwind und den magischen Wald erfahren. Das darf nicht sein!"

Jana nickte. „Dann müssen wir seine Medikamente klauen. Das kriegen wir schon irgendwie hin."

„Noch gefährlicher", meinte Saphir entsetzt. „Was ist, wenn ihr etwas durcheinanderbringt? Ihr habt doch keine Ahnung von Medizin!"

Jana nickte. „Ja, du hast recht. Aber was sollen wir sonst tun?"

Jörgo kniff die Augen zusammen. „Ich glaube, ich habe da eine Idee", sagte er. „Kommt mit!" Er winkte Jana und Saphir mit

sich nach draußen. „Wir sind bald wieder da", versprach er Silberwind.

„Was hast du vor?", fragte Jana hoffnungsvoll.

„Ihr werdet schon sehen", antwortete Jörgo und stieg auf den Einhornrücken. Dann half er Jana hinauf und gab Saphir das Kommando: „Zurück zum Hof!"

Jörgo hat einen guten Plan

Der Rückritt auf Saphirs Rücken war ebenso eilig und unbequem wie der Hinritt. Janas Herz sprang ihr vor Angst beinahe aus der Brust.

Hoffentlich hatte Jörgo eine gute Idee. Fragen konnte sie ihn nicht, dazu waren sie zu schnell. Der Wind rauschte laut in ihren Ohren.

Als sie die Grenze zur Koppel überwunden

hatten, lenkte Jörgo das Einhorn über den Hof zur Hauptstraße.

Wohin wollte er nur? Saphir folgte seinen lenkenden Hinweisen. In Windeseile waren sie in der Stadt. Ganz in der Nähe ihrer Schule ließ Jörgo Saphir in einen sanften Trab fallen.

„Dort", flüsterte er.

Und Jana spürte, wie ihr Herz sich beruhigte. Sie griff Jörgos Kopf von hinten, drehte ihn und drückte ihm einen Kuss auf die Wange. „Du bist der Beste!", rief sie und sprang vom Pferd. Hier wohnte Frau Tale! Wenn jemand helfen konnte, dann sie. Jana und Jörgo hatten nämlich vor einiger Zeit das Geheimnis ihrer Lehrerin herausgefunden: Frau Tale war eine Fee und als Fee hatte sie besondere Zauberkräfte.

Hoffnungsvoll lief Jana die drei Stufen zu ihrer Haustür hinauf und klingelte.

Es dauerte eine Weile. Dann öffnete sich die Tür und ein fremder Mann stand vor Jana. Er war groß und wuchtig und blickte düster drein. Jana hatte ihn noch nie gesehen.

„Wer sind Sie?", fragte Jana misstrauisch.

„Wer bist du?", fragte der Mann mit dunkler Stimme zurück.

„Ich will Frau Tale sprechen. Ist sie da?"

Aber der Mann antwortete ihr nicht. Er hatte Saphir entdeckt und starrte ihn jetzt unverhohlen an. Saphir stampfte nervös hin und her. Jörgo stellte sich schützend vor das Pferd. Konnte der Mann spüren, dass Saphir ein Einhorn war? Er hatte so einen gierigen Blick.

Jana sprach lauter. „Ich habe gefragt, ob Frau Tale da ist!"

Jetzt endlich zog sich der Mann zurück. Kurz darauf stand Frau Tale in der Tür. Der fremde Mann blickte ihr über die Schulter – wieder zum Einhorn.

„Ich müsste Sie mal sprechen. Allein!", bat Jana.

Frau Tale lächelte. „Du kannst ruhig reden. Herr Corvus ist ein alter Freund. Er kennt mein Geheimnis."

Aber Jana schüttelte den Kopf. Sie hatte Silberwind schon einmal in Gefahr gebracht, als der schwarze Deichgraf ihn entführen wollte. Sie würde niemandem mehr trauen, der ihr merkwürdig vorkam.

Frau Tale bemerkte ihre Sorge. Sie schickte Herrn Corvus ins Haus und schloss die Tür. „Was gibt es denn so Geheimnisvolles?", fragte sie. „Du warst nicht in der Schule. Deine Mutter sagte, dass du zu Hause helfen musst. Ist alles in Ordnung auf dem Hof?"

„Ja, ja!" Jana winkte ab. „Zu Hause ist alles okay. Aber Silberwind ist im magischen Wald. Er hat jetzt eine Frau, die auch noch ein Fohlen erwartet. Sie ist an der gefährlichen Pferdegrippe erkrankt und braucht dringend Hilfe. Können Sie mit uns kommen, bitte?"

Frau Tales Gesichtsausdruck wurde sofort ernst. „Im magischen Wald? Und Silberwinds Kräfte können sie nicht heilen? Ich bin nicht sicher, ob ich der Stute dann mit meinem Feenzauber helfen kann. Aber ich werde es versuchen. Wartet hier, ich hole mein Pferd!"

Jana nickte.

Frau Tale verschwand im Stall. Es dauerte nicht lange, bis sie auf ihrem magischen Pferd angeritten kam. Mühelos sprang ihre große braune Stute über den Gartenzaun.

„Kommt!", raunte Frau Tale ihnen zu und preschte davon.

Jana kletterte eilig zu Jörgo auf Saphirs Rücken. Sie warf noch einen Blick zum

Küchenfenster, wo hinter den Gardinen der Schatten des Fremden zu sehen war. Wie gut, dass er nicht mitkam!

Sie ritten aus der Stadt hinaus, so schnell sie konnten. Autofahrer und Fußgänger schüttelten verwundert den Kopf. Zum Glück hatten sie bald die Felder erreicht.

Frau Tale schien eine gute Abkürzung zu kennen und lenkte ihr Pferd querfeldein. Lautlos ritten sie dahin. Es begann bereits zu dämmern.

Jana sah verwundert zum Himmel. Sie hatte gar nicht bemerkt, wie spät es geworden war.

Als sie den Wald erreichten, scheuchten sie eine Schar Fledermäuse auf. Die Tiere flatterten Jana und Jörgo ums Haar.

„Ahh!", schrie Jörgo.

Auch Jana hatte einen Mordsschrecken bekommen. Sie wedelte mit den Armen, um die Fledermäuse zu verjagen. Sie stoben in alle Richtungen davon. Nur eine blieb in ihrer Nähe.

Der Ritt wurde nun holpriger und es war sehr ungemütlich auf dem Pferderücken. Jana fühlte sich unwohl. Als sie sich kurz umblickte, bemerkte sie, dass die Fledermaus immer noch hinter ihnen herflog. Wie seltsam! Oder war das etwa gar keine Fledermaus? War das etwa … ein Rabe? Ja!

Jana lief es kalt den Rücken hinunter. Ein schwarzer Rabe – das war wie ein schlechtes Zeichen, das sie verfolgte!

Jana drehte sich wieder zu Saphir um. „Schneller", flüsterte sie. „Schneller!"

Kann niemand Yasemin helfen?

Endlich hatten sie die Höhle erreicht. Silberwind stand bereits wartend vor dem Eingang. Er hatte gespürt, dass sie kommen würden.

Jana sprang ab und schmiegte sich an seinen Hals. Silberwinds Fell war eiskalt und er war wie erstarrt. „Alles wird gut", flüsterte Jana. Dann drehte sie sich um und blickte zu den Baumwipfeln empor – aber der seltsame Vogel war fort. Jana atmete erleichtert auf.

Sie traten gemeinsam in die Höhle. Frau Tale ging sofort auf Yasemin zu und kniete sich nieder.

„Hallo, meine Liebe", säuselte sie beruhigend. „Alles wird wieder gut. Nur Mut, wir helfen dir!" Frau Tale streichelte die Stute, fühlte ihre Stirn und ihren Kopf, tastete den Bauch ab und drückte ihren Hals. Schließlich klopfte sie ihr noch einmal beruhigend das Fell und stand auf.

Sie drehte der Stute den Rücken zu und sprach leise: „Ich weiß nicht, ob ich ihr helfen kann. Ich kann es mit meinem Feenzauber versuchen. Aber wir bräuchten jemanden, der Spezialist ist. Der sich mit Pferden und Krankheiten und Zauberei gleichermaßen gut auskennt. Ich wüsste jemanden, der genau richtig wäre. Wenn ihr es erlaubt …"

„Nicht Ihr komischer Freund", begehrte Jana auf. „Mit dem stimmt etwas nicht. Er hat Saphir angestarrt, als ob er ihm gleich das Horn stehlen wollte. So gierig. Ich will nicht, dass er herkommt!"

Frau Tale lachte auf. „Nein, Jana, er ist wirklich …"

Jana unterbrach sie und verschränkte die Arme vor der Brust. „Es muss noch einen anderen Weg geben!"

Frau Tale hob nur hilflos die Schultern.

„Es würde lange dauern, ihn zu holen", wandte Jörgo ein. Wir müssten noch einmal hin- und zurückreiten. Vielleicht ist es dann zu spät!" Er wurde rot. Er schämte sich dafür, ausgesprochen zu haben, dass Yasemin womöglich sterben könnte.

Doch nun musste Frau Tale schmunzeln. „Zu spät? Ich glaube nicht", murmelte sie.

In diesem Augenblick wieherte Silberwind aufgeregt. Jana folgte dem Blick ihres Einhorns zum Höhleneingang. Dort entdeckte sie ihn: den schwarzen Raben.

„Der ist uns gefolgt", hauchte sie entsetzt.

Der Rabe schüttelte sich, begann zu flattern und flog auf. Er wurde immer größer und schien sich zu verwandeln. Überall flogen Federn durch die Luft. Es rauschte gewaltig – und dann stand Herr Corvus vor ihnen.

Silberwind wieherte noch einmal. Aber es klang eher erleichtert als erschrocken. Jana sah ihn verwundert an.

„Da bist du ja, Rüdiger", freute sich Frau Tale.

Jana und Jörgo traten erschrocken zwei Schritte zurück.

Silberwind stupste Jana mit dem Maul an. „Er ist einer von den Guten", raunte er ihr zu.

Doch Jana blieb misstrauisch.

„Entschuldige", sagte Herr Corvus zu Jana gewandt. „Ich weiß, dass du mir nicht traust. Aber ich kann euch wirklich helfen. Ich habe schon in der Stadt gespürt, dass ihr Hilfe braucht. Das blaue Einhorn hat es ausgestrahlt."

Saphir trippelte aufgeregt hin und her. „Ich kann nichts dafür", sagte er und wich Janas Blick aus. „Einhörner sind so. Wir kommunizieren mit allen anderen Zauberwesen."

„Du hättest uns ja sagen können, dass er ein Zauberwesen ist", schimpfte Jana.

Saphir senkte beschämt den Kopf. Er sah so bedrückt aus, dass Jörgo zu ihm ging und ihn tröstete.

Herr Corvus beugte sich nun zu der kranken Stute hinab. Er sah ihr lange in die Augen.

„Was macht er?", fragte Jana halblaut.

„Er spricht mit ihr", flüsterte Frau Tale. „Er fragt sie, wo sie Schmerzen hat und wie es dem Fohlen geht."

„Ohne Worte?", staunte Jana.

Frau Tale lächelte. „Er ist wirklich gut", sagte sie.

Herr Corvus griff in seinen Mantel und holte ein kleines Fläschchen hervor. Eine schwarz glänzende Flüssigkeit schimmerte darin. Ehe Jana begriff, was geschah, träufelte er der Stute ein paar Tropfen davon ins Maul.

„Nein!", rief Jana und wollte zu ihm rennen, um ihn daran zu hindern.

Doch Silberwind stellte sich ihr in den Weg. „Es ist alles in Ordnung", sagte er ruhig.

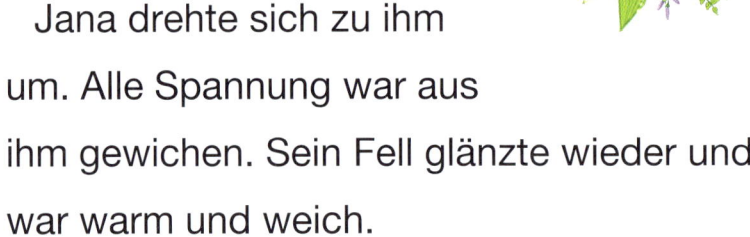

Jana drehte sich zu ihm um. Alle Spannung war aus ihm gewichen. Sein Fell glänzte wieder und war warm und weich.

Jana schmiegte ihr Gesicht in seine Mähne und versuchte, sich zu beruhigen. Erst nach einer Weile wagte sie es, zur Stute zu sehen. Es schien ihr gut zu gehen. Sie versuchte sogar schon aufzustehen.

Silberwind trabte zu ihr und rieb seine Nase glücklich an ihrem Fell. Er schnaubte ihr ins Ohr und Yasemin schüttelte kichernd ihren Kopf.

Jana seufzte erleichtert auf.

Doch gerade als sie Herrn Corvus danken wollte, begann Yasemin, heftig zu stöhnen. Sie krümmte sich und stampfte mit dem Fuß auf.

„Ich hab's doch gewusst!", schrie Jana. Sie stürzte zu Herrn Corvus und boxte gegen seine Brust, so kräftig sie konnte. „Sie gemeiner Schurke, Sie Unmensch. Sie haben sie vergiftet!"

Ein Wunder geschieht

Frau Tale zog Jana behutsam zurück. „Keine Angst, es geht ihr gut!"

Jana sah zu Yasemin. „Es geht ihr überhaupt nicht gut. Seht nur, sie hat Schmerzen! Das ist die Krankheit! Oder das Gift!"

Frau Tale schmunzelte. „Nein, das ist kein Gift. Das ist das Fohlen!"

Jana starrte sie an. „Oh nein, jetzt ist das Fohlen krank?"

Jörgo und Silberwind lachten.

„Was ist?", fragte Jana stirnrunzelnd.

„Das Fohlen ist nicht krank", erklärte Frau Tale. „Im Gegenteil. Es ist gesund und munter und möchte jetzt heraus. Wahrscheinlich hat es gespürt, dass seine Mama nun wieder genug Kraft für die Geburt hat."

Jana blieb der Mund offen stehen. Das Fohlen wollte raus? Jetzt? Hier?

Frau Tale schob Jana und Jörgo sanft in eine dunkle Ecke der Höhle, wo die beiden Yasemin nicht stören konnten. Herr Corvus hatte sich bereits zurückgezogen. Saphir stellte sich vor den Eingang, um die Höhle zu bewachen.

Es dauerte noch eine ganze Weile, bis etwas geschah. Jana und Jörgo beobachteten mit großen Augen, wie die Stute unruhig herumstampfte, sich um sich selbst drehte und stöhnte. Irgendwann legte sie sich hin. Silberwind stand beruhigend bei ihr und schien ihr etwas zuzuflüstern.

„Es kommt", wisperte Frau Tale.

Und tatsächlich. Jana stockte der Atem. Man konnte kleine Hufe sehen! Das Fohlen wurde geboren! Erst kamen die Beine hervor, dann der Kopf. Schließlich glitt der ganze Körper sanft in das Stroh.

Jana sah Jörgo an. Er hatte den Mund vor Staunen offen und klappte ihn erst zu, als er Janas Blick bemerkte. Dann lächelte er. Jana lächelte zurück. So etwas Unglaubliches!

Yasemin stand sofort auf. Sie beugte sich zu ihrem Fohlen und leckte ihm das Fell sauber. Auch Silberwind half. Nach einer Weile zog das Fohlen seine langen Beine an und bemühte sich aufzustehen.

Und es gelang.

„Es steht!", jubelte Jana leise. Sie schlich auf Zehenspitzen näher heran.

Silberwind nickte ihr zu. „Komm nur!"

Jana klopfte ihrem Einhorn auf den Hals und umarmte es. Dann streichelte sie kurz Yasemin. Schließlich streckte sie vorsichtig ihre Hand zum Fohlen aus. Und das Fohlen stupste sie an! Es saugte sogar an ihrem Finger!

„Es mag mich", freute sich Jana.

Yasemin wieherte fröhlich.

„Schon, aber ich glaube, jetzt hat es Hunger", sagte Silberwind lachend.

Das kleine Fohlen stapfte zum Bauch seiner Mutter und stupste wieder. Und bald hatte es die Zitzen gefunden und saugte kräftig.

Jetzt kamen auch die anderen näher heran.

„Herzlichen Glückwunsch", sagte Jörgo zu Jana. „Irgendwie bist du ja auch mit dem Kleinen verwandt, oder?"

Jana grinste. Dann sah sie Silberwind an. „Es ist ganz schwarz", sagte sie erstaunt. „Wie kann es schwarz sein, wenn seine Eltern ein weißes Einhorn und ein Schimmel sind?"

Frau Tale lachte. „Das hat etwas mit Vererbung zu tun. Das lernst du noch irgendwann bei mir in der Schule."

Silberwind nickte. „Stimmt! Aber diesmal ist es nicht die Vererbung. Sein Fell wird noch weiß werden. Alle Schimmel werden mit dunklem Fell geboren."

Jana streichelte dem Fohlen über die Mähne. „Was für weiche Haare." Sie strich ihm über die Stirn. „Und ein seidiges Fell. Obwohl …" Sie fühlte an einer Stelle der Stirn noch mal genau nach. „Hier ist ein Knubbel!"

Silberwind wieherte fröhlich. „Ja, es ist ein Einhorn!"

Janas Herz hüpfte vor Aufregung. Ein Einhornfohlen!

Das überraschte selbst Frau Tale und Herrn Corvus. Ein Einhornfohlen hatten auch sie noch nicht gesehen.

„Wir lassen euch jetzt allein", meinte Frau Tale schließlich.

Jana nickte und streichelte das Fohlen ein letztes Mal.

„Kommst du morgen zum Hof?", fragte sie Silberwind dann ganz vorsichtig. Sie war sich nicht sicher. Schließlich hatte ihr Einhorn jetzt eine eigene Familie.

Doch Silberwind nickte. „Selbstverständlich!"

Diesmal war der Ritt durch den Wald wundervoll. Jana hatte das Gefühl zu schweben. Alles um sie herum erschien ihr zauberhaft und sie fühlte sich wunderbar geborgen. Sie merkte kaum, wie sie auf dem Hof ankamen und Frau Tale sie bei ihrer erstaunten Mutter ablieferte. Müde hörte Jana, wie sie flüsterten.

„Silberwind ist gefunden. Es ist alles in

Ordnung. Mein Freund hier ist auch Tierarzt. Er wird sich Silberwind morgen noch einmal ansehen."

Janas Mutter nickte. „Vielen Dank", sagte sie. Dann brachte sie Jana zu Bett.

Und Jana träumte von schwarzen und weißen kleinen Einhörnern, die fröhlich um sie herumsprangen.

Fantastische Neuigkeiten

Am nächsten Morgen wachte Jana früh auf. Sie konnte nicht mehr schlafen. Sofort sah sie aus ihrem Fenster. Aber keine Spur von Silberwind! Enttäuscht setzte sie sich auf ihr Bett. Ob Silberwind doch nicht mehr kommen würde? Mit einer eigenen Familie im magischen Wald – er wollte bestimmt Tag und Nacht bei ihnen sein! Jana wurde ganz schwummerig bei dem Gedanken, ihr geliebtes Einhorn nur noch ab und zu sehen zu können.

   Als sie zum Frühstück hinunterstapfte, freute es sie nicht einmal, dass Jörgo, Frau Tale und Herr Corvus schon wieder da waren.

   „Hallo, liebes Kindchen", rief ihre Oma und umarmte sie herzlich. „Ich habe gehört, dass alles gut ausgegangen ist!"

Doch Jana seufzte nur. Die anderen sahen sie verwundert an.

„Frau Tale hat gesagt, du holst Silberwind gleich aus dem Wald", meinte ihre Mutter fröhlich. „Anscheinend versteckt er sich, weil er den Tierarzt nicht mag. Aber Frau Tale glaubt, dass er sich von Herrn Corvus untersuchen lassen wird. Was meinst du?" Erwartungsvoll schaute sie ihre Tochter an.

Jana zuckte mit den Schultern. Es war ja nett, dass Frau Tale sich Schwindeleien für sie ausdachte. Dann brauchte Jana sich nicht den Kopf darüber zu zerbrechen, wie sie ihrer Mutter alles erklären sollte. Aber Jana war einfach zu traurig, um mit irgendjemandem zu sprechen. Jörgo war der Einzige, der es bemerkte. Er setzte sich ganz nah neben Jana und legte ihr die Hand auf den Rücken. Das tat gut. Jana schniefte.

Nach dem Frühstück gingen sie hinaus.

„Ruf ihn bitte", sagte Janas Mutter.

„Silberwind", sagte Jana lustlos. Doch als sie seinen Namen aussprach, merkte sie, wie gern sie ihn sehen wollte. „Silberwind!", rief sie laut, und noch einmal: „Silberwind!"

Da sprang ihr Einhorn über die Hecke des Waldes auf die Koppel.

Jana strahlte. Sein Fell schimmerte hell in der Morgensonne und er sah einfach wundervoll aus. Doch …

„Was ist das?", fragte Janas Mutter und runzelte die Stirn. Hinter Silberwind her trabten vorsichtig zwei Pferde durch die Büsche: eine Stute und ein Fohlen!

„Silberwind", rief Jana begeistert. „Du hast sie mitgebracht!" Sie kletterte über den Zaun und rannte ihnen entgegen.

Frau Tale schmunzelte.

„Haben Sie das gewusst?", fragte Jörgo aufgeregt.

Sie nickte.

„Was gewusst?", fragte Janas Mutter verwirrt.

„Silberwind ist Vater geworden", erklärte Frau Tale ihr. „Er hat eine Stute gefunden und mit ihr ein Fohlen bekommen."

„In dem kleinen Waldstück?" Janas Mutter starrte auf den Wald. „Eine Stute *gefunden*? Wie kann das sein?"

Jörgo musste grinsen. „Silberwind ist eben ein ganz besonderes Pferd", sagte er.

Janas Mutter starrte ihn an.

Unterdessen kam Jana mit Silberwind und Yasemin auf sie zu. Das Fohlen trabte fröhlich hinterher.

„Es geht ihnen gut", sagte Jana. „Und Silberwind lässt sich gern von Herrn Corvus untersuchen."

Janas Mutter nickte nur. „Ich gehe so lange ins Haus", murmelte sie und schritt langsam über das Kopfsteinpflaster.

„Hihi, deine Mutter ist völlig von den Socken", lachte Jörgo.

Herr Corvus nahm eine kleine Flasche aus seinem Mantel.

„Schon wieder?", seufzte Jana. Kleine Fläschchen mit unheimlichen Mitteln waren ihr nicht ganz geheuer.

Herr Corvus lächelte. „Es sind Tropfen gegen die Ansteckungsgefahr. So kann Silberwind kein anderes Pferd mehr mit der gefährlichen Grippe anstecken."

„Sehr gut", stimmte Jana zu. „Äh, vielen Dank übrigens für alles. Und entschuldigen Sie bitte, dass ich …"

Herr Corvus ergriff ihre ausgestreckte Hand. „Schon gut. Ich freue mich immer, wenn ich jemanden treffe, der Einhörner genauso liebt wie ich." Er zwinkerte ihr zu.

Als Janas Mutter zu ihnen zurückkam, hatte sie Janas Oma und Herrn Friese im Schlepptau.

„Ich habe ihnen alles erzählt. Und sie wundern sich gar nicht", erklärte sie stirnrunzelnd. „Fragt sich denn keiner außer mir, wo Silberwind die Stute gefunden hat?"

Janas Oma lächelte. Sie kannte ja das Geheimnis um den magischen Wald. Und Frerk Friese? Den erstaunte sowieso nichts mehr, seitdem er Oma Fittje geheiratet hatte.

Doch einer wunderte sich schon. Nur über etwas ganz anderes …

„Sie sind gesund!", schallte eine laute Stimme über den Hof. Jörgos Vater hastete mit großen Schritten auf sie zu. „Die drei Pferde, die seit gestern an der Grippe erkrankt waren. Sie sind gesund!" Er sah zu Herrn Corvus. „Sie sind wirklich ein außerordentlicher Arzt, Herr Corvus!"

Herr Corvus nickte nur.

„Corvus – heißt das nicht Rabe?", fragte Frerk Friese neugierig.

„Ja, es ist ein lateinischer Name", bestätigte Herr Corvus.

Da wurde Jana hellhörig. „Rabe? Das passt ja richtig, weil Sie doch immer …" Sie schlug sich mit der Hand vor den Mund. Jetzt hätte sie beinahe vor ihrer Mutter, Frerk und Jörgos Vater etwas ausgeplaudert!

„… weil du doch immer so rabenschwarz angezogen bist", sagte Frau Tale lachend.

Jana nickte erleichtert.

„So, jetzt ist aber Teezeit", seufzte Janas Mutter.

„Wir haben doch gerade erst gefrühstückt", gab Frerk Friese zu Bedenken.

„Mir egal. Ich will Tee! Zur Beruhigung!" Janas Mutter stapfte davon.

Alle anderen lachten. Dann gingen die Erwachsenen ihr hinterher.

Die ganze Zeit über hatte Jana Silberwind gestreichelt und ihre Hände nicht mehr von seinem Fell genommen.

„Du hast mir so gefehlt", flüsterte sie ihrem Einhorn ins Ohr. „Du warst so oft weg." Sie kraulte sanft seine Mähne. Die Wärme seines Fells kroch ihr bis unter die Haut.

Silberwind schnaubte. „Eigentlich möchtest du mir noch etwas anderes sagen, oder?"

Jana nickte. Sie wusste nur nicht, ob man so etwas sagen durfte.

„Na los", ermunterte Silberwind sie.

„Du hast jetzt eine Familie", sagte Jana. „Und ein kleines Fohlen, das dich braucht. Wirst du dann überhaupt noch hier sein? Auf der Koppel, auf dem Hof – bei mir?" Jana traute sich nicht, Silberwind anzusehen.

Das Einhorn wieherte fröhlich. „Was

glaubst du denn? Du bist doch auch meine Familie, Jana. Und deshalb …", Silberwind machte eine spannende Pause, „… würden wir drei gern zusammen bei euch auf dem Reiterhof bleiben. Was hältst du davon?"

Jana sah Silberwind unsicher an. Meinte er das ernst? Sie blickte zu Yasemin hinüber. Die Stute nickte. Und auch das Fohlen war ihrer Meinung: Fröhlich stupste es gegen Janas Hüfte.

Jana lachte. Sie drehte sich zu Jörgo um. „Hast du das gesehen? Es will auch bei uns bleiben!"

Jörgo lächelte seine Freundin glücklich an. „Sieht so aus, als hättest du Familienzuwachs bekommen!"

Selig schmiegte sich Jana an Silberwinds Fell und kraulte auch das Fohlen.

Plötzlich fragte Jörgo: „Wie heißt dein Kind eigentlich, Silberwind? Und ist es ein Mädchen oder ein Junge?"

Das Einhorn wieherte belustigt. „Ein Junge! Und was den Namen angeht: Yasemin und ich haben uns überlegt, dass Jana das entscheiden soll."

„Was? Ich?" Jana hüpfte vor Freude in die Luft, sodass das Fohlen erschrocken zu seiner Mutter sprang.

„Ich bin mir sicher, dir wird ein wunderschöner Name einfallen", schnaubte Silberwind zärtlich.

Jana konnte ihr Glück kaum fassen: Sie durfte den Namen aussuchen!

„Oh, Silberwind", jubelte sie, „du bist das beste Einhorn der Welt!"

Sandra Grimm schreibt seit zehn Jahren mit Begeisterung bunte, dicke, lustige, dünne, spannende, schöne und gruselige Geschichten für große und kleine Kinder.

Carolin Ina Schröter, Meisterschülerin der Udk Berlin, arbeitete als Backgroundpainter beim Zeichentrick und absolvierte eine Ausbildung zur Computerfachfrau für Multimedia. Sie illustriert Kinderbücher sowie Lern-, Spiel- und Sachsoftware und entwickelt Character und Animationen für Webseiten.

Band 1
ISBN 978-3-7855-8288-6

Band 2
ISBN 978-3-7855-8289-3

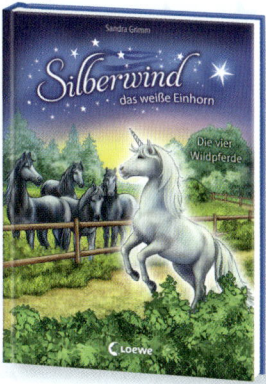

Band 3
ISBN 978-3-7855-8290-9

Band 4
ISBN 978-3-7855-8291-6

Band 5
ISBN 978-3-7855-8828-4

Band 6
ISBN 978-3-7855-8833-8